Van bloem tot pot

Fotografie: Jan Dirkx

Vormgeving: Steurs, Antwerpen

Druk: Proost, Turnhout

Projectcoördinatie: Ingrid Willems

Isbn 9075756879

Nur 410

D/2005/7658/50

ZO VUL JE EEN BLOEMPOT

- *Bij de aankoop van een bloempot moet je er op letten dat er onderaan een opening is. Wie toch smoorverliefd geraakt op een gesloten model kan er zelf een opening in maken met een steen- of betonboor.*

- *Onderaan in de bloempot leg je een laag scherven van verongelukte soortgenoten. Grof grind of argex korrels kunnen ook een goed alternatief zijn. Zij zorgen voor een goede drainage en voorkomen dat de wortels in een al té vochtige omgeving zitten.*

- *Daarna kan je met potgrond bijvullen tot iets onder de rand van de pot. De Aveve potgrond voor bloeiende planten is daarvoor zeer geschikt.*

- *Maak in de oppervlakte zoveel kuiltjes als je planten hebt. Plaats daarna eerst de middelste plant. En vervolgens vul je de andere exemplaren aan naar de rand van de pot toe.*

- *Bij het planten telkens de grond een beetje aandrukken.*

- *Na het planten, alles goed aangieten zodat de plant goed kan doorwortelen.*

- *In het groeiseizoen is extra voeding, zoals de Aveve vloeibare meststof voor bloeiende planten, noodzakelijk.*

PERIODE:

April - mei

POT:

Beton

PLANTEN:

Bacopa "Cabana" wit - Sutera
Pelargonium dubbel balkon light rose - Geranium

ONDERHOUD:

Deze pot zet je in de zon, of toch minstens in halfschaduw. De geranium hoef je niet té veel water te geven, zet hem wel in een goeddoorlaatbare grond. Om een goede bloei te krijgen, moet je regelmatig bijmesten.

HOUDBAARHEID:

Bacopa (Sutera) is erg vorstgevoelig. Beneden een temperatuur van 2°C zal hij niet overleven. Ook de Pelargonium kan overwinteren wanneer hij vorstvrij blijft. In dat geval moet hij wel in de lente herpot worden, en voldoende extra mest krijgen.

TIP:

Pelargonium (geranium) bestaat in talloze varianten en kleuren, en ook de Bacopa (Sutera) bestaat in meerdere tinten.
De belangrijkste daarvan zijn:
Sutera diffusa "Blue Form": blauw
Sutera diffusa "Pink Domino": paarskleurig
Sutera diffusa "Rosea": rose

PERIODE:
April - mei

POT:
Beton

PLANTEN:
Lantana wit - Verkleurbloem
Glechoma hederacea - Hondsdraf
Lobelia ricardii Rose - Lobelia

ONDERHOUD:
Zonnige standplaats, regelmatig water en voeding geven. Indien je gieter dan toch eens per ongeluk té lang droog bleef staan, herstelt de lobelia zich heel vlug. Deze hangplant bloeit langer en is robuuster dan de gewone lobelia.

HOUDBAARHEID:
Lantana moet in de winter vorstvrij en droog gehouden worden, op een plaats met veel licht.
Lobelia kan overwinterd worden door het nemen van stekken in de nazomer die vervolgens in het voorjaar worden uitgeplant.

TIP:
Lantana is ook beschikbaar in andere kleuren.
Glechoma hederacea is een groenblijvende vaste plant, hij kan eveneens als bodembedekker worden gebruikt. Plaats hem bij voorkeur in vochtige maar goed doorlaatbare grond.

PERIODE:
September

POT:
Beton

PLANTEN:
Aster novi-belgii - Aster
Heuchera "Burnished Bronze" - Purperklokje
Heuchera "Fireworks" - Purperklokje
Carex oshimensis "Evergold" - Zegge

ONDERHOUD:
Aster wil zon tot halfschaduw. Heuchera ook in zon tot halfschaduw. Het purperklokje hoeft weinig mest, maar je moet jaarlijks zeewierkalk toevoegen aan de ondergrond.
Carex heeft ook graag een zonnige standplaats.

HOUDBAARHEID:
Met uitzondering van de aster is deze combinatie in zijn geheel perfect houdbaar.

TIP:
In eerste instantie de asters planten, nadien de Heuchera en als laatste de Carex.
Heuchera is de bladplant bij uitstek. Overplanten kan in volle grond in zon tot halfschaduw, maar ook in een andere pot.
Pas in dat geval wel op voor de schadelijke taxuskever.
Verplant de Heuchera daarom elk jaar naar nieuwe grond en verwijder daarbij zoveel mogelijk oude grond van de wortels.
Carex oshimensis "Evergold" kan men uitplanten in volle tuin op een zonnige standplaats. De bladeren van deze Carex zijn aan de binnenkant helderwit en buitenkant groen van kleur.

PERIODE:

April - mei

POT:

Aardewerk

PLANTEN:

Veronica blauw - Ereprijs
Surfinia "Blue Vein"
Brachycoma - Kortduif

ONDERHOUD:

Dit geheel staat best op een lichte plaats, zon of halfschaduw zijn voor de 3 verschillende planten ideaal.
Brachycoma kan het best tegen de volle zon. Geef hem een goed doorlaatbare grond, want hij is tegen de droogte bestand en heeft voldoende aan een gemiddelde watertoevoer.
Surfinia "Blue Vein" verkiest een standplaats in halfschaduw, met de nodige ondersteunende voeding groeit de plant "groots" uit.

HOUDBAARHEID:

Veronica en Surfinia hebben een lange bloei, Brachycoma is een eenjarige.

TIP:

Veronica groeit mooi uit en zorgt voor een aangename toets op een terras of balkon.
Brachycoma is een Australische eenjarige met madeliefachtige bloempjes, als je bij jonge planten intopt (= kop van jonge hoofdscheuten wegknippen) verkrijg je een vollere plant met een weelderige bloei.
Surfinia "Blue Vein" heeft lichtblauwe geaderde bloemen.
Het is een plant voor fijne neuzen, hij geurt zeer aangenaam.

PERIODE:
September - oktober

POT:
Zink

PLANTEN:
Brassica rood – Kool
Sempervivum – Donderwolk
Viburnum tinus “Eve Price” (op stam)

ONDERHOUD:
Buiten in de zon of halfschaduw.

HOUDBAARHEID:
Slechts gedeeltelijk, want de Viburnum en Sempervivum kunnen nadien uitgeplant worden in de volle tuin, de Brassica daarentegen is tegen eind december uitgebloeid en is vorstgevoelig.

TIP:
Eerst de Viburnum op stam in het midden van de pot plaatsen, daarna de Brassica over de hoeken verspreiden en de Sempervivum er tussen plaatsen.
Viburnum tinus “Eve Price” is een compacte, groenblijvende struik. Hij bloeit afhankelijk van de standplaats van november tot april met kleine witroze bloemen in tuilen. Zorg voor een beschutte standplaats.
Sempervivum of Donderwolk is een groenblijvend plantje. Het groeit nog bij extreme droogte, bijvoorbeeld op dakpannen. Die eigenschap maakt hem ook zeer geschikt voor rotstuintjes.
Brassica: compacte plant op korte voet met ronde bladeren. Het zijn sierlijke kolen met een uniforme diameter.
De verkleuring gebeurt snel en intens. Heel mooi, en ondertussen ook heel populair in herfstbakken.

PERIODE:

Eind september

POT:

Aardewerk

PLANTEN:

Skimmia japonica "Rubella"
Carex morrowii "Goldband" - Zegge
Acorus - Kalmoes
Asparagus - Asperge

ONDERHOUD:

Skimmia houdt van halfschaduw, en heeft een lichtzure grond nodig. Asparagus en Acorus vragen veel water.

HOUDBAARHEID:

Skimmia is groenblijvend.

TIP:

Eerst de Skimmia planten, daarna de Carex en vervolgens opvullen met Acorus en Asparagus. Skimmia heeft in de winter roodbruine gesloten bloemtrossen, die in het voorjaar roze/wit en uitbundig geurend open bloeien.

PERIODE:

September

POT:

Aardewerk

PLANTEN:

Capsicum - Sierpaprika

Hebe "Pluto"

ONDERHOUD:

Zon of halfschaduw. Sierpaprika's en Hebes matig water geven.

HOUDBAARHEID:

Hebe is groenblijvend.

TIP:

- Eerst de Capsicum planten, daarna Hebe toevoegen.
- Van Hebe zijn er veel variëteiten bekend. Het geslacht omvat meer dan honderd verschillende soorten. Vooral het blad is attractief. Afhankelijk van de soort zijn de bladeren smal, donkergroen of lichtgrijs. De struik bloeit dikwijls met bloemen die in de bladoksels ontspruiten. Hebe is goed te gebruiken in bloembakken. Het is een niet vaak voorkomende plant in tuinen.
- Capsicum is een geneeskrachtige plant met gele, rode of oranje vruchten.

PERIODE:
Eind september

POT:
Zink

PLANTEN:
Viola “Cornuta” - Bosviool
Hebe cupressoides “Golden Dome” – Struikveronica

ONDERHOUD:
Viooltjes houden van zon of halfschaduw, ze moeten af en toe water krijgen.
Hebe wil eveneens zon tot halfschaduw

HOUDBAARHEID:
Deze pot kan in zijn geheel een lange tijd overleven.

TIP:
De Hebe eerst planten, en nadien de pot opvullen met violen. Viooltjes zijn een “must” voor elke herfstbloembak. Violen hebben een lange en veelvuldige bloei. Ze kunnen nadien in volle grond uitgeplant worden.

PERIODE:

April - mei

POT:

Beton

PLANTEN:

Million Bells “Lavender vein” - Hangpetunia
Bacopa cabana “Lavender sutharis” - Sutera
Osteospermum sunny “Dark Martha” - Spaanse margriet

ONDERHOUD:

Een plekje onder de zon is ideaal voor deze combinatie. De Million Bells vereist een voedselrijke grond. De Osteospermum gaat uitbundiger bloeien als hij veel zon krijgt, je moet hem pas gieten wanneer de potgrond bijna is uitgedroogd.
Hij verlangt een goed doorlatende, zanderige grond. Je kan uitgebloeide bloemen best verwijderen. De Sutera is de minste zonneaanbidder. Hij is al best tevreden met een plaatsje in halfschaduw.

HOUDBAARHEID:

Bacopa is erg vorstgevoelig. Beneden een temperatuur van 2°C zal deze plant niet overleven, alsook de Million Bells.
Osteospernum is ook vorstgevoelig, maar een gesnoeide plant die binnen overwintert, kan zeker overleven.

TIP:

De Million Bells kan eveneens toegepast worden als bodem-bedekker in volle grond, in potten, bloembakken en hanging baskets. De Bacopa (Sutera) mag nooit bevriezen. Deze plant bestaat in meerdere kleurvariaties:
Sutera diffusa “Blue Form” : blauw
Sutera diffusa “Pink Domino”: paarskleurig
Sutera diffusa “Rosea”: rose

PERIODE:
September

POT:
Beton

PLANTEN:
Salvia officinalis “Tricolor” - Salie
Rumex acetosa - Veldzuring
Rosmarinus officinalis - Rozemarijn
Thymus citrodorus “Silver Queen” - Tijm
Aloysia triphylla - Citroenverbena
Helichrysum italicum - Kerrieplant

ONDERHOUD:
Salvia houdt van een zonnige plaats en heeft nood aan een goed doorlatende grond. Ook Rumex, Rosmarinus en Helichrysum vinden dat een ideale situatie.

HOUDBAARHEID:
Dit is een kruidencombinatie. De overlevingskansen hangen dus deels af van uw culinaire uitspattingen.... Salvia is groenblijvend in zachte winters, Rosmarinus moet je uit de koude wind plaatsen.

TIP:
Salvia, met het grijsgroene, paarsgetinte blad, heeft roomwitte vlekken. Het blad kan in heerlijke gerechten gebruikt worden. Rumex groeit in elke tuingrond. De plant heeft roodachtige bloemen en de tamelijk grote en dikke bladeren kunnen vers toegevoegd worden bij spinazie, salades, enz....
Rosmarinus is een groenblijvende plant, gedroogd of vers te gebruiken bij soepen, sauzen, vleesgerechten & wild.
De smalle grijze blaadjes van de Helichrysum hebben een warme kerrie-achtige geur. De bloem is warm geel van kleur. Na de bloei snoeien. Kan eventueel als haagje of in bolvorm gesnoeid worden.

PERIODE:

April - mei

POT:

Beton

PLANTEN:

Lotus - Rolklaver
Helichrysum panache
Million Bells wit

ONDERHOUD:

De ideale plaats is in de zon. Million Bells wil graag een zonnige standplaats en voedselrijke grond.
Lotus bloeit enkel op een zonnige standplaats, en een goed doorlaatbare grond. De potgrond mag niet uitdrogen tijdens de groeiperiode. Bemest met vloeibare meststof of meststof in korrelvorm. Lotus moet na de bloei ingekort worden.
Helichrysum verlangt een zonnige standplaats, voldoende water en een regelmatige bijbemesting.

HOUDBAARHEID:

Helichrysum is een niet vorstbestendige eenjarige plant. Het zelfde geldt voor Million Bells. Lotus is te overwinteren tot max. –5°C

TIP:

Million Bells kan aangewend worden als bodembedekker in volle grond, in potten, bloembakken of hanging baskets.
Ze bestaan in verschillende kleuren. Deze plant is zeer gevoelig voor bladluis, maar na een juiste behandeling betekent de Million Bells een waar attractiepunt op het terras of balkon.
Lotus is afkomstig van de Canarische en Kaapverdische eilanden en is ook zeer geschikt als hangende plant of voor bloembakken of potten.
Helichrysum bestaat uit kruipende of hangende zilvergroene takken. Die dragen ovale tot hartvormige, helder lichtgroene bladeren en hebben in de zomer kleine geelachtige bloemen. Deze bloem is afkomstig uit Zuid-Afrika, waar zij in het wild groeit. Ze is niet vorstbestendig en is een eenjarige die hoofdzakelijk voor haar decoratieve takken en blad wordt gekozen. De Helichrysum kan ook zeer goed aangewend worden als eenjarige bodembedekker.

PERIODE:

April - mei

POT:

Aardewerk

PLANTEN:

Scaveola wit

Centradenia “cascade”

ONDERHOUD:

Deze combinatie voelt zich het best bij volle zon of halfschaduw.

HOUDBAARHEID:

Scaveola is een vorstgevoelige plant en niet te overwinteren. Centradenia kan wél overwinteren, mits hij voldoende licht krijgt en droog bewaard wordt.

TIP:

Scaevolla bloeit uitbundig gedurende de gehele zomer. Hij is geschikt voor zowel pot en hangpot. Tevens leent hij zich prima voor perkbeplanting. De plant vertakt sterk, en bestaat eveneens in het blauw.

Centradenia is een ondergewaardeerde perkplant. Het is een zeer sterke soort, bloeiend tot eind oktober.

Deze houdt van humusrijke grond en lichte standplaats.

PERIODE:

April - mei

POT:

Aardewerk

PLANTEN:

Erigeron - Fijnstraal

Verbena babylon "Pink Verena"

ONDERHOUD:

Zowel Erigeron als Verbena houden van veel zon.

HOUDBAARHEID:

Erigeron kan overwinteren, dit bij max. -3°C,
zaait zichzelf vlot verder.
Verbena houdt in de winter stand wanneer hij vorstvrij staat.
In dat geval moet hij in de lente wel herpot worden en
extra mest krijgen.

TIP:

Verbena heeft een sterke groei, is goed vertakkend, vroeg- en
rijkbloeiend gedurende de gehele zomer.
Is goed bestand tegen diverse weersomstandigheden.
Standplaats: zonnig tot halfschaduw. Niet te veel water geven.

PERIODE:
April - mei

POT:
Beton

PLANTEN:
Cosmos wit - Cosmea
Diascia “Blush Delight”
Convolvulus blauw - Blauwe winde

ONDERHOUD:
Diascia geniet van halfschaduw of een zonnige standplaats.
Cosmos en Convolvulus zijn échte zonnekloppers.

HOUDBAARHEID:
Convolvulus en Cosmos worden als eenjarige gekweekt.

TIP:
Cosmos heeft een lange bloeiperiode.
Veel water is een vereiste voor deze plant.
Diascia wil veel en goed doorlaatbare grond.
Deze 3 soorten vereisen een zonnige standplaats.

PERIODE:

April - mei

POT:

Aardewerk

PLANTEN:

Pelargonium "Tomcat" - Geranium
Erigeron wit - Fijnstraal
Helichrysum fijn grijs

ONDERHOUD:

Dit is een combinatie die veel zon lust. Erigeron en Helichrysum vereisen wel veel water, de eerste is niet bestand tegen het uitdrogen tijdens de groei en heeft daarom behoefte aan een goed doorlatende potgrond die niet snel uitdroogt.

HOUDBAARHEID:

Pelargonium kan overwinteren wanneer hij vorstvrij blijft.
In dat geval moet hij wel in de lente herpot worden en voldoende extra mest krijgen.
Helichrysum is niet vorstbestendig. Eenjarige plant.

TIP:

Pelargonium "Tomcat" is een geranium met dubbele fluweel-rode bloemen, die sterk groeien. Zoals elke Geranium heeft ook deze soort behoefte aan extra voeding die ervoor zorgt dat zij langer en uitbundiger bloeit. De uitgebloeide of verdroogde bloemen worden best weggenomen, wat de bloei ook ten goede komt. De plant kan ook goed uitgeplant worden in volle grond waar hij zich in groepjes laat opmerken door zijn donkere bloemen. De Tomcat kan vorstvrij overwinteren.
In het voorjaar moet je hem wel herpotten en startvoeding meegeven voor het nieuwe seizoen.
Erigeron is een plant met madeliefjeachtige witte bloempjes die uitbundig bloeien, je kan er van genieten van juni tot diep in oktober.
Deze Fijnstraal komt eveneens goed tot zijn recht in volle grond en kan bijvoorbeeld goed toegepast worden tussen losse bestrating of stapstenen. Meestal bevriest Erigeron tijdens de winter, maar zaait zich vlot verder zodat hij ook het volgend seizoen in je tuin opduikt.
Helichrysum bestaat uit kruipende of hangende zilvergroene takken. Deze dragen ovale tot hartvormige, helder lichtgroene bladeren en hebben in de zomer kleine geelachtige bloemen.
Door zijn grijze kleur kan je deze plant met veel planten combineren en maakt hem ook tot een sfeermaker op uw terras of balkon. De Helichrysum kan ook zeer goed toegepast worden als eenjarige bodembedekker.

PERIODE:

April - mei

POT:

Zink

PLANTEN:

Impatiens "Pinta Ruffels" - Vlijtig Liesje
Scaveola wit
Asparagus "Densiflorum Meri"

ONDERHOUD:

De pot moet niet de hele dag in volle zon staan, in de schaduw vindt hij het ook wel lekker. Asparagus vindt zon of half-schaduw het leukst. De potgrond moet regelmatig extra voeding krijgen. Het dubbelbloemige Vlijtig Liesje gedijt best op een standplaats in halfschaduw, maar wel op een warme plaats. Het is een dorstige dame, maar de wortels mogen wel niet in het water blijven staan. Bij veel regen kunnen de bloemen aangetast worden en gaan rotten en op dat moment is het aangewezen om de aangetaste delen weg te nemen. Het geven van bemesting is niet echt noodzakelijk, maar het zorgt echter wel voor een stevigere plant. Scaveola heeft een hekel aan droogte en heeft dus behoefte aan veel water en voeding.

HOUDBAARHEID:

Asparagus kan uitgeplant worden, en later nog veel plezier geven. Impatiens is daarentegen een korter leven beschoren.

TIP:

Het Vlijtig Liesje komt oorspronkelijk uit Nieuw Guinea, en is dus een tropische plant.
Asparagus densiflorus is een wintergroene hangende vaste plant. Hij heeft smalle, heldergroene, bladachtige stengels. 's Zomers verschijnen er roze getinte witte bloemen, gevolgd door rode bessen. Hij is bestand tegen de vorst tot -10°C.
Scaveola is een plant afkomstig uit Australië en eind van de jaren tachtig echt goed doorgebroken. Bestaat eveneens ook nog in andere kleuren zoals blauw en lila.

PERIODE:
April - mei

POT:
Aardewerk

PLANTEN:
Diascia “Blush Delight”
Lobelia ricardii rose - Lobelia
Bacopa cabana wit

ONDERHOUD:
Dit is een samenstelling die veel zon verdraagt.
Diascia komt uit Zuid-Afrika, het is een dankbare potplant die ook op de plaats van origine van de warmte geniet.

HOUDBAARHEID:
Diascia kan overwinteren, wel droog houden en voldoende licht toelaten (hij is gevoelig aan botrytis). Bacopa is erg vorstgevoelig, beneden een temp. van 2°C zal deze plant niet overleven. Lobelia is een eenjarige plant en haalt de lente dus ook niet.

TIP:
Een losse grond is belangrijk voor deze planten.
Zo kunnen de wortels zich het best ontwikkelen.

Bloemstukken maken is een fijne bezigheid. Het schenkt veel plezier bij het creëren, en toch ook wel voldoening bij het zien van het resultaat. Een goed bloemstuk heeft een eenvoudig concept. "Trôp is te veel" zei een groot filosoof wel eens, en hij sloeg nagels met koppen. Beperk je dus in kleuren en aantallen bloemen. Eenvoud draagt langer dan een pompeus werkstuk. Subtiliteit kan ook zijn kracht hebben.
Elk element dat je wil gebruiken, moet ook zijn plaatsje krijgen, en niet verdrinken tussen het aanbod. Dus hoed je voor overtollige zaken.
Stel bij elke aanvulling de vraag of ze écht nodig is om het geheel te bekomen dat je voor ogen hebt. Callas bloemen, dikke rozen of papavers bijvoorbeeld, hebben van zichzelf al een zuivere zeggingskracht. Dit soort bloemen heeft voldoende persoonlijkheid om een aandachtspunt te vormen.
Slechts in de juiste compositie, en de juiste dosering, komen ze helemaal tot hun recht. Je moet het trouwens allemaal niet té mooi willen doen.
Met heel beperkte middelen kom je soms tot de mooiste resultaten.

PERIODE:
Herfst

ELEMENTEN:
Bessen en vruchten
Rozenbottels
Spirea
Boomschors zoals plataan - berk
Rechthoekige schotel
Steekschuim
Lijmpistool
Etalage spelden of krammen

OPBOUW STAP VOOR STAP:
De rechthoekige schaal vullen met blokken oasis, naargelang de grootte van de schaal. Zorg er voor dat er een rand van 5 cm over blijft. De recht opstaande kant van de oasis bekleden met plataanschors door middel van lijmpistool. Op het bovenvlak van de oasis eerst een basis van spirea kort opsteken, dan dicht naast elkaar de takjes met rozenbottels steken, zodat het vlak goed gevuld is.
De opening van 5 cm eerst opvullen met een laagje oasis, en daar bovenop een flinke laag kleine rozenbottels strooien

ONDERHOUD:
Hier moet je helemaal niets aan doen, enkel het indrogen moet je wat in het oog houden.

IDEALE PLAATSING:
Binnen of buiten.

HOUDBAARHEID:
Je hebt hier de hele winter plezier van, want rozenbottels drogen op en bewaren hun kleur.

TIP:
Oasis mag een beetje nat gemaakt worden om het indrogen te vertragen, dan gebeurt dat op een rustige, gelijkmatige manier. Daarna niet meer bevochtigen om schimmelvorming te vermijden.

CREATIE VAN:
Ingrid Plompen - Wommelgem

PERIODE:

Begin oktober

ELEMENTEN:

Groene steekschuim krans doorsnede 40cm
30 stuks Hydrangea macrophylla Vicomtesse de Vibraye
25 stuks Cimicifuga racemosa "Atropurpurea" (zaaddozen)
11 stuks Origanum laevigatum
12 rode Dolgo appeltjes (zeer oude soort)
2 stuks Zantedeschia black - callas
35 stuks Sedum "herbstfreude"
Houten prikkers
Binddraad

OPBOUW STAP VOOR STAP:

Steekschuim nat maken. 1/3 van de krans compact met sedum in toefjes op draad zetten. Het volgende deel met Hydrangea, en tenslotte met Sedum in het middelpunt 7 takken Cimicifuga en 2 callas, vervolgens Hydrangea, daarna een groepje Origanum en als derde en laatste deel terug Hydrangea, 7 Dolgo appeltjes in schuine lijn met houten prikkers opsteken. De andere 5 Dolgo appeltjes op de rand met de Origanum en Hydrangea. Daarna de Cimicifuga met een ijzerdraad aan het einde van de zaaddoos vastbinden, en cirkelvormig vastmaken.

ONDERHOUD:

Vochtig houden

IDEALE PLAATSING:

Op een koele plaats

HOUDBAARHEID:

3 weken

TIP:

Heel compact werken en in toefjes op draad zetten. (kan eventueel ingedroogd worden). De krans moet altijd in de richting van het uurwerk gemaakt worden.

CREATIE VAN:

Mia Nuyts - Lichtaart

PERIODE:

Eind september

ELEMENTEN:

Inox schaal (handwerk)
Ronde rechte pot 24 cm doorsnee
Betula utilis - schors van een witte berk
15 stuks Sambucus canadensis – Vlierbes
10 stuks Artimisia arborescens
10 stuks Aconitum cammarum bicolor – Monnikskap (violetblauw)
3 stuks Agapanthus praecox orientalis - zaaddozen
7 stuks Heritage (Engelse roos)
Twee blokken groen steekschuim

OPBOUW STAP VOOR STAP:

Ronde pot bekleden met schors - lijmen of met spelden vaststeken. De pot vullen met nat steekschuim 2cm lager dan de schors, in groepjes verdelen: volgorde, Artemisia arborescens in het middelpunt Aconitum bicolor (violetblauw) vervolgens Agapanthus praecox orientalis (zaaddozen), 2 zijkanten Sambucus canadensis (vlierbes) en als laatste de Engelse roos Heritage.

ONDERHOUD:

Het steekschuim vochtig houden.

IDEALE PLAATSING:

Koele plaats

HOUDBAARHEID:

± 10 dagen

TIP:

De vlierbessen vroegtijdig afknippen, want zij zijn het minst lang houdbaar

CREATIE VAN:

Mia Nuyts - Lichtaart

PERIODE:

Lente - herfst - winter

ELEMENTEN:

Een mooie wijnkaraf
Leucothoe walteri
Arum italicum "pictum"
Houttynia cordata "chameleon"
Ilseta roos
Anigozanthos - Kangoeroepootje
Druiven
Steekschuim

OPBOUW STAP VOOR STAP:

Plaats een rond stuk steekschuim op de karaf. De driehoeksvorm van het boeket eerst met de bladeren maken, en daarna die lijnen volgen met de bloemen. De "focus" of het aandachtspunt moet onderaan het boeket gevormd worden met iets zwaarder materiaal en de druiven.

ONDERHOUD:

Elke dag een beetje water.

IDEALE PLAATSING:

Het is een bloemstuk met een voor- en een achterkant, dus zeker niet in het midden van een tafel presenteren. Een klassiek interieur is het best geschikt.

HOUDBAARHEID:

Ruim een week.

TIP:

- De harmonie van de kleuren is zeer belangrijk.
- Het bladmateriaal moet goed geconditioneerd worden. Eerst in lauw water een paar uur laten rusten, daarna in koud water. Alles schuin afsnijden.

CREATIE VAN:

Greta Michielsen-Muls - 's Gravenwezel

PERIODE:

Heel het jaar door.

ELEMENTEN:

Fagus sylvatica – Beukentakjes
Potplant naar keuze – hier Phalaenopsis,
Een grootbladige orchidee
Binddraad

OPBOUW STAP VOOR STAP:

Uit een oude beukenhaag die gedroogd is, knip je kronkelige takjes die tussen 0,5 en 1 cm dik zijn. Neem ook enkele doorgeschoten rechte takken en vorm daarmee de basisvorm, de sikkel. Bind hieraan de kronkelige takjes zeer goed vast tot je een volle gevormde maanvorm verkrijgt. De bodem moet wel vlak gehouden worden, want dat is het dragende gedeelte, en zorgt voor de stabiliteit. Ook in die basis voorzie je een opening waar de pot van de plant in past.

ONDERHOUD:

De normale zorgen voor de gekozen potplant.

IDEALE PLAATSING:

Dit hangt af van de gekozen potplant.

HOUDBAARHEID:

Het stevige geraamte kan jaren mee, en de planten of bloemen zélf kunnen vervangen worden. Daarom is het stevig vastbinden van de takjes een noodzaak.

TIP:

- Dit kader kan ook gebruikt worden om snijbloemen in te presenteren. In dat geval moet er een potje water geïnstalleerd worden.
- De maanvorm kan ook zonder vlakke bodem, en als hangend geraamte benut worden waarin dan de bloemen geschikt worden.
- Dit is een wat uitgebreidere constructie, maar je hebt er een zeer lange tijd plezier van.

CREATIE VAN:

Leo Van Rossum - Dorp 107 - 2980 Zoersel

PERIODE:

September - oktober

ELEMENTEN:

1 grote halve bol piepschuim
1 kleine halve bol piepschuim
Blaadjes van Eleagnus - Olijfwilg
Takken van krulwilg
Callas bloemen - een 8-tal
Maïskorrels
Kleine vruchtjes
Krammetjes

OPBOUW STAP VOOR STAP:

Op de grote halve bol lijm je de groene blaadjes naar buiten.
Diezelfde blaadjes lijm je op de kleine bol met het groen naar de binnenkant, en met de steeltjes omhoog.
De kleine bol in de grote vastzetten met krammetjes, en maïskorrels er rond strooien.
Met de takken van de krulwilg wordt een krans gebonden, die iéts groter is dan de grootste bol. Daarin kan de Callas verwerkt worden. De bol wordt in die krans gelegd, en eventueel ook met krammetjes vastgemaakt.

IDEALE PLAATSING:

In het begin, wanneer de blaadjes van de Eleagnus nog moeten drogen, niet in té hevig zonlicht zetten. Zoniet kunnen de blaadjes erg gaan krullen.

HOUDBAARHEID:

Het geheel gaat normaal gezien lang mee omdat de bladeren opdrogen, de bloemen die eventueel in de krans verweven worden, kunnen gewoon vervangen worden wanneer ze verdroogd zijn.

TIP:

De Callas bloemen kunnen naar eigen smaak vervangen worden door andere soorten, of door een blijvend groen blad.

CREATIE VAN:

Lydie Gilops - Rijkevorsel

PERIODE:

Einde zomer – begin herfst.

ELEMENTEN:

(Sier)pompoen
Eikels - kastanjes - kleine (jonagold) appeltjes
Malusappels - Sedum
Hortensia - rozen (een vijftal)
Fijne rododendron - Liguster - Palissander
Bonenranken - steekschuim - plastiek

OPBOUW STAP VOOR STAP:

Het deksel van de pompoen afsnijden, en al het vruchtvlees en de pitten verwijderen. Een laagje plastiek op de bodem leggen, en daarop natte oasis, die zo'n 3 cm boven de rand uitsteekt. Daarop leg je het deksel van de pompoen.
Alle vruchten op houten satéstokjes prikken. De bloemen op een gelijke lengte afsnijden, zo'n 8 cm is prima. Prik in volgorde het groen, de sedum, de vruchten en tenslotte de hortensia en de rozen in het steekschuim, mooi verdeeld in het rond. Zorg dat de kring goed gevuld is. De pompoen kan nu in een lage pot, en een kransje van bonenranken bovenop het deksel maakt het bloemstuk compleet.

ONDERHOUD:

Af en toe water bij gieten.

IDEALE PLAATSING:

Op een frisse plek.

HOUDBAARHEID:

1 en met wat geluk 2 weken.

TIP:

- Denk aan de harmonie als je de kleuren kiest, het geeft een mooier resultaat als je daar op let.
- Dit bloemstuk werd mee gemaakt door een jonge knaap, die zijn mama hielp met het mooi inprikken van de verschillende elementen. Kinderspel, zou je kunnen zeggen.
- Hoe beter je het vruchtvlees weghaalt, hoe langer dat de pompoen vers zal blijven. Té veel vocht zal de pompoen sneller doen rotten.

CREATIE VAN:

Bram Theuns - Malle

PERIODE:

Herfst – winter

ELEMENTEN:

Krans in steekschuim
Chamaecyparis plumosa – Sawaracypres
Pachysandra terminalis – Ysander
Hedera colchica bessen – bonte klimop
Euonymus fortunei "emerald 'n gaiety" – Kardinaalshoed
Hydrangea macrophylla – Hortensia
Cox orange appels

OPBOUW STAP VOOR STAP:

Het steekschuim goed laten volzuigen met water. De verschillende elementen 3x op de zelfde wijze laten terugkomen in de compositie. Dit geeft evenwicht aan de schikking. Op de foto steunt de krans tegen een stuk boomstronk.

ONDERHOUD:

Regelmatig water geven.

IDEALE PLAATSING:

Dit is een krans die in de tuin een leuk accent vormt.

HOUDBAARHEID:

Lang houdbaar, als je rekening houdt met zijn dorstige aard.

TIP:

Al de gebruikte elementen werden uit de tuin van de maakster geoogst. Wie verzot is op bloemstukken, kan de beplanting van zijn tuin in functie daarvan aanpassen. Dit geeft een nog grotere voldoening.

CREATIE VAN:

Greta Michielsen-Muls - 's Gravenwezel

PERIODE:
Herfst

ELEMENTEN:
Vierkante schimmelpot
Gebleekte siertakken (Salix)
Passiflora vruchten
Deco twister
Mos takken
Brodeo roos
Rozenbottels
Asparagus pyramidalus
Staalgras
Steekschuim

OPBOUW STAP VOOR STAP:
Vul de pot met steekschuim. De takken steek je dan verticaal in de pot. Aan de bovenste uiteinden wordt een blokje steekschuim vastgemaakt. Dan wordt de compositie opgebouwd van onder naar boven, de bloemen en bessen worden royaal aangebracht. In het bovenste stuk steekschuim worden dan de rozen en de rozenbottels verwerkt, mooi in het rond.

ONDERHOUD:
Hier hoeft geen water meer bij, de compositie kan mooi opdrogen, en zo kan je er lang van genieten.

IDEALE PLAATSING:
Binnen. Een klassiek interieur of een vlakke wand zijn uitstekende decors voor dit uitbundige stuk.

HOUDBAARHEID:
Je zal hier vele maanden plezier van hebben.

TIP:
De schimmelpot is erg decoratief, en vrij universeel als toepassing voor zowel klassieke als moderne interieurs. Een laagje vilt op de bodem of een doekje eronder is evenwel geen overbodige luxe, zoniet zijn krassen op tafels en kasten niet uitgesloten.

CREATIE VAN:
Franky Bollingh - Attenhovenstraat 154 - Landen

PERIODE:

Herfst

ELEMENTEN:

2 hoge glazen vazen
Oasis Rainbow Foam - steekschuim in poedervorm (3 kleuren)
Cucumus vruchten - Sierkomkommer
Asparagus pyramidalus
Ligustrum
“Jade” rozen
“Eskimo” rozen
Deco twister
Mulembeccia

OPBOUW STAP VOOR STAP:

Meng het poeder van licht naar donker (of omgekeerd), vul de vazen volledig en pas dan nat maken. De 2 vazen in elkaar werken met Mulembeccia. Bovenaan compact werken met de rozen en de Asparagus. De sierkomkommers aan draadjes bevestigen, en ze rond de rozen laten afhangen.

ONDERHOUD:

Regelmatig bevochtigen, en chrysal aan het water toevoegen.

IDEALE PLAATSING:

Binnen. Deze compositie komt het best tot haar recht in een hedendaags interieur.

HOUDBAARHEID:

Ongeveer twee tot drie weken afhankelijk van de kamertemperatuur.

TIP:

Vermits het oasis rainbow foam poeder los zit, moet er zeer voorzichtig, en bij voorkeur met een kleine gieter, vocht bijgevoegd worden. Ook bij het verplaatsen van de vazen is voorzichtigheid geboden.

CREATIE VAN:

Franky Bollingh - Attenhovenstraat 154 - Landen

PERIODE:

Herfst

ELEMENTEN:

Cilindervormige schimmelpot
Hydrangea – Hortensia
Pitriet
Distels
Sierspelden
Blauwe deco twister
Steekschuim

OPBOUW STAP VOOR STAP:

Snij in het steekschuim een hoge cilinder die in de vaas past. Prik daar de Hortensia's in, zeer compact op het schuim. Werk bovenaan af met de distels. Bind daarna in met het pitriet. Hou alle elementen in de schikking zeer compact.

ONDERHOUD:

Gewoon afblijven. Alles kan perfect indrogen.
Geen water toevoegen.

IDEALE PLAATSING:

Binnen. Deze creatie past in vrijwel elke interieur.

HOUDBAARHEID:

Na het indrogen onbeperkt houdbaar.

TIP:

Distels moeten goed rijp zijn. Het gevaar zit er in dat ze anders gaan rotten.

CREATIE VAN:

Franky Bollingh - Attenhovenstraat 154 - Landen

KUNST
EN
BESCHA
RO

PERIODE:

Herfst

ELEMENTEN:

1 ovale glazen vaas
Oasis rainbow foam stenen (3 kleuren)
Anthurium
Gomphocarpus – Asclepia bol
Asparagus pyramidalus
Anthuvium blad
Koperdraad
"Avelance" roos

OPBOUW STAP VOOR STAP:

De stenen rainbow foam moet eerst in vierkante blokjes gesneden worden. Meng de verschillende kleuren in de vaas. Daarna mogen ze bevochtigd worden. Plaats boven in de vaas een blokje steekschuim, en maak daarop deze moderne compositie.

ONDERHOUD:

Chrysal poeder in de vaas.

IDEALE PLAATSING:

Dit is door zijn pittige kleuren een blikvanger. Op een tafel of een kast kan deze compositie leven in de brouwerij brengen.

HOUDBAARHEID:

2 tot 3 weken.

TIP:

Het snijden van de blokjes is voor handige keukenpieten.
En die weten beslist dat een mes steeds scherp moet zijn om precies te snijden.

CREATIE VAN:

Franky Bollingh - Attenhovenstraat 154 - Landen

PERIODE:

Winter of voorjaar

ELEMENTEN:

Amaryllis – 10 stuks
Langwerpige droge exotische vruchten
Mos
Plastic buis van 10 à 12 cm lang
Pot
Wikkeldraad
Lijmpistool

OPBOUW STAP VOOR STAP:

Omwikkel de buis met mos. Plaats deze op de pot.
Lijm de vruchten naar boven wijzend tegen de buis.
Vul de pot met water.
Plaats hierin compact de Amaryllis bloemen.

ONDERHOUD:

Water bijvullen. De bloemen kunnen vervangen worden als ze verwelkt zijn.

IDEALE PLAATSING:

Deze compositie kan overal geplaatst worden.

HOUDBAARHEID:

De bloemen blijven ongeveer 2 weken fris, de basis is perfect herbruikbaar voor een zeer lange periode.

TIP:

Bij deze creatie is het belangrijk om vrij grote bloemen te gebruiken, ze mogen gerust veel aandacht trekken.

CREATIE VAN:

Raf Verwimp - Berlarij 97 - 2500 Lier

PERIODE:

November, december

ELEMENTEN:

Bemoste takken
Safari (droog)
Lotus (droog)
Korstmos (droog)
Halve bol in piepschuim
Wikkeldraad
Kippengaas
Groen steekschuim

OPBOUW STAP VOOR STAP:

Plooi het kippengaas rond de halve bol. Bind stukjes bemoste takken tegen het kippengaas met wikkeldraad tot alles goed bedekt is. Vul de halve bol met groen steekschuim tot aan de rand. Verdeel vlak en gelijkmatig de safari en de lotus, afgewisseld met het korstmos.

ONDERHOUD:

Geen, dit is een creatie met reeds opgedroogde elementen.

IDEALE PLAATSING:

Overal, binnen of buiten.

HOUDBAARHEID:

Oneindig

TIP:

Alles moet perfect droog zijn, dus ook de takken. Zij zouden nog kunnen krimpen als dat niet zo is. Op de foto worden 3 stuks als een compositie gepresenteerd. Het is weer eens een andere benadering van het bloemschikken.

CREATIE VAN:

Raf Verwimp - Berlarij 97 - 2500 Lier

PERIODE:

Winter

ELEMENTEN:

Rechte pot
Grijs steekschuim
Rechte takken Cornus alba
30 rozen "Ruby Red" tweede keuze
Plagiothecium - droog platmos

OPBOUW STAP VOOR STAP:

Vul de pot tot aan de rand met grijs steekschuim en dek af met droog platmos. Plaats in elke hoek en in het midden van de vier zijden van de pot een Cornus tak. Stapel de Cornus takken afwisselend voor en achter de middentak op tot de gewenste hoogte. Strooi de rozenblaadjes in de middenruimte.

ONDERHOUD:

De rozenblaadjes kunnen telkens vernieuwd worden.

IDEALE PLAATSING:

Niet in de zon of bij de verwarming.

HOUDBAARHEID:

De rozenblaadjes kunnen indrogen.

TIP:

Indien men donkerrode rozen gebruikt, is de indroging beter dan bij lichtergekleurde rozen. Men kan de rozenblaadjes eventueel vervangen door potpourri.

CREATIE VAN:

Groenatelier Jeannine André
Bremtstraat 18 - 3360 Bierbeek.

PERIODE:

Voorjaar.

ELEMENTEN:

Platte vierkante of ronde bak
Grijs steekschuim
Krammen
Klein bolvormig vaasje
15 rozen "Vendela"
Muehlenbeckia gebleekt
Pitriet
Cetraria islandica - IJslands mos
Plagiothecium - droog platmos
Pluimpjes
Parelspeldjes
Agave transparant gebleekt

OPBOUW STAP VOOR STAP:

Vul de bak tot aan de rand met grijs steekschuim. Haal met een lepel de vorm uit van het vaasje. Dek het steekschuim af met droog platmos. Weef met de Muehlenbeckia een nest rond het vaasje. Klem hiertussen de verschillende decoratie-elementen. Maak een korenschoofboeketje van de rozen in een 'eivorm' en plaats het in het vaasje met water.

ONDERHOUD:

Geen.

IDEALE PLAATSING:

Niet in de zon of dicht bij de verwarming.

HOUDBAARHEID:

Vendela rozen kunnen indrogen.

TIP:

Zet regelmatig verse bloemen in het vaasje, dan heb je heel lang genot van je werkstuk.

CREATIE VAN:

Groenatelier Jeannine André
Bremtstraat 18 - 3360 Bierbeek.

PERIODE:

Najaar.

ELEMENTEN:

Ronde potvorm
Groen steekschuim
Satéstokjes
Anchor tape
Lange krammen
Draad 0,6
Hydrangea
Muehlenbeckia

OPBOUW STAP VOOR STAP:

Vul de pot met groen steekschuim. Bouw de vorm in de hoogte uit met nat steekschuim en bevestig dit alles met satéprikkers en anchor tape. Monteer een spiraal van Muehlenbeckia en zet vast met lange krammen. Maak Hydrangeatoefjes met de draad 0,6 en vul de vrije ruimte op.

ONDERHOUD:

Geen.

IDEALE PLAATSING:

Niet in de zon.

HOUDBAARHEID:

Zeer lang.

TIP:

Pluk de Hydrangea pas als ze hard aanvoelen, dan drogen ze beter in.

CREATIE VAN:

Groenatelier Jeannine André
Bremtstraat 18 - 3360 Bierbeek.

PERIODE:
Het ganse jaar door.

ELEMENTEN:
2 blokken groen steekschuim
Anchor tape
Vliesdoek gebroken wit van 60 x 60 cm
Doosje parelspeldjes
Pak Agave transparant gebleekt
20 rozen "Black Baccara"
Kleine hoeveelheid droog platmos - Plagiothecium

OPBOUW STAP VOOR STAP:
Maak de blokken steekschuim nat en zet ze aan mekaar vast met anchor tape. Pak ze in met het vliesdoek. Monteer de Agave rond de blokken met behulp van de parelspeldjes. Vul de bovenruimte op met de rozen. Gebruik het platmos om een meer organische vorm te bekomen.

ONDERHOUD:
Geen.

IDEALE PLAATSING:
Niet in de zon of bij de verwarming.

HOUDBAARHEID:
Lang.

TIP:
Plaats de rozen niet tegen het natte steekschuim, dan drogen ze mooier in.

CREATIE VAN:
Groenatelier Jeannine André
Bremtstraat 18 - 3360 Bierbeek.